केदारनाथ सिंह

पचास कविताएं

नयी सदी के लिए चयन

सम्पादक

गोबिन्द प्रसाद

वाणी प्रकाशन

वाणी प्रकाशन

4695, 21-ए, दरियागंज, नयी दिल्ली 110 002

फ़ोन : +91 11 23273167 फ़ैक्स : +91 11 23275710

शाखाएँ

अशोक राजपथ, पटना 800 004, बिहार

कॉफ़ी हाउस कैम्पस, महात्मा गांधी मार्ग, इलाहाबाद 211 001, उत्तर प्रदेश

महात्मा गांधी अन्तरराष्ट्रीय हिन्दी विश्वविद्यालय, वर्धा 442 001, महाराष्ट्र

सुल्तानिया रोड, मोतिया पार्क, भोपाल 462 001, मध्य प्रदेश

www.vaniprakashan.in
marketing@vaniprakashan.in
sales@vaniprakashan.in

PACHAS KAVITAYEN
NAI SADI KE LIYE CHAYAN
by Kedarnath Singh
Edited by Gobind Prasad

ISBN : 978-93-5072-218-3
Poetry Collection

प्रथम संस्करण 2012
आवृत्ति 2019

मूल्य : ₹ 95

सिटी प्रेस, दिल्ली-110 095 में मुद्रित

वाणी प्रकाशन का लोगो मक़बूल फ़िदा हुसेन की कूची से

क्रम

पानी की प्रार्थना

प्रभु,
मैं—पानी—पृथ्वी का
प्राचीनतम नागरिक
आपसे कुछ कहने की अनुमति चाहता हूँ
यदि समय हो तो पिछले एक दिन का
हिसाब दूँ आपको

अब देखिए न
इतने दिनों बाद कल मेरे तट पर
एक चील आयी
प्रभु, कितनी कम चीलें
दिखती हैं आजकल
आपको तो पता होगा
कहाँ गयीं वे!
पर जैसे भी हों
कल एक ठो आयी
और बैठ गयी मेरे बाजू में
पहले चौंककर उसने इधर-उधर देखा

फिर अपनी लम्बी चोंच गड़ा दी मेरे सीने में
और यह मुझे अच्छा लगता रहा प्रभु
लगता रहा जैसे घूँट-घूँट
मेरा जन्मान्तर हो रहा है एक चील के कंठ में
कंठ से रक्त में
रक्त से फिर एक नयी चील में!

फिर काफ़ी समय बाद
दिन के कोई तीसरे पहर
एक जानवर आया हकासा-पियासा
और मुझे पीने लगा चभर-चभर
इस अशिष्ट आवाज़ के लिए
क्षमा करें प्रभु
यह एक पशु के आनन्द की आवाज़ थी
जिससे बेहतर कुछ नहीं था उसके जबड़ों के पास

इस बीच बहुत-से चिरई-चुरूँग
मानुष-अमानुष
सब गुज़रते रहे मेरे पास से होकर
बल्कि एक बार तो ऐसा लगा
कि सूरज के सातों घोड़े उतर आये हैं—
मेरे करीब—प्यास से बेहाल
पर असल में जो आया
वह एक चरवाहा था
अब कैसे बताऊँ प्रभु—क्योंकि आपको तो
प्यास कभी लगती नहीं—
कि वह कितना प्यासा था
फिर ऐसा हुआ कि उसने हड़बड़ी में

मुझे चुल्लू भर उठाया
और क्या जाने क्या
उसे दिख गया मेरे भीतर
कि हिल उठा वह
और पूरा का पूरा मैं गिर पड़ा नीचे
शर्मिन्दा हूँ प्रभु
और इस घटना पर हिल रहा हूँ अब तक
पर कोई करे भी तो क्या
समय ही कुछ ऐसा है
कि पानी नदी में हो
या किसी चेहरे पर
झाँककर देखो तो तल में कचरा
कहीं दिख ही जाता है!

अन्त में प्रभु,
अन्तिम लेकिन सबसे ज़रूरी बात
वहाँ होंगे मेरे भाई-बन्धु
मंगलग्रह या चाँद पर
पर यहाँ पृथ्वी पर मैं
यानी आपका मुँहलगा यह पानी
अब दुर्लभ होने के कगार तक
पहुँच चुका है

पर चिन्ता की कोई बात नहीं
यह बाज़ारों का समय है
और वहाँ किसी रहस्यमय स्रोत से
मैं हमेशा मौजूद हूँ

पर अपराध क्षमा हो प्रभु

और यदि मैं झूठ बोलूँ
तो जलकर हो जाऊँ राख
कहते हैं इसमें—
आपकी भी सहमति है!

मुक्ति

मुक्ति का जब कोई रास्ता नहीं मिला
मैं लिखने बैठ गया हूँ।

मैं लिखना चाहता हूँ 'पेड़'
यह जानते हुए कि लिखना पेड़ हो जाना है
मैं लिखना चाहता हूँ 'पानी'

'आदमी' 'आदमी'—मैं लिखना चाहता हूँ
एक बच्चे का हाथ
एक स्त्री का चेहरा

मैं पूरी ताक़त के साथ
शब्दों को फेंकना चाहता हूँ आदमी की तरफ़
यह जानते हुए कि आदमी का कुछ नहीं होगा
मैं भरी सड़क पर सुनना चाहता हूँ वह धमाका
जो शब्द और आदमी की टक्कर से पैदा होता है

यह जानते हुए कि लिखने से कुछ नहीं होगा
मैं लिखना चाहता हूँ।

मातृभाषा

जैसे चींटियाँ लौटती हैं
बिलों में
कठफोड़वा लौटता है
काठ के पास
वायुयान लौटते हैं एक के बाद एक
लाल आसमान में डैने पसारे हुए
हवाई अड्डे की ओर

ओ मेरी भाषा
मैं लौटता हूँ तुम में
जब चुप रहते-रहते
अकड़ जाती है मेरी जीभ
दुखने लगती है
मेरी आत्मा

पांडुलिपियाँ

भूरी और उदास
वह एक जर्जर-सी पांडुलिपि थी
शायद पिछली सदी की

इतनी जर्जर थी वह
कि मैंने डरते-डरते पहला पन्ना खोला
और क्या आप विश्वास करेंगे
मुझे उसके भीतर सुनाई पड़ी एक स्त्री की चीख़
जो किसी अक्षर के नीचे
दबी पड़ी थी

पर सबसे रोमांचक अनुभव
मुझे उस समय हुआ
जब मैं खड़ा था एक प्राचीन हस्तलेख के सामने
और उसके भीतर से एक आवाज़ ने
जैसे मुझे पहचाना और लगा जैसे पूछा हो—
'कैसे हो केदारनाथ?'

मैं हिला ज़रूर
पर चकित नहीं हुआ

क्योंकि चमत्कार नहीं होतीं पांडुलिपियाँ
वे बोलना-बतियाना चाहती हैं
आदमी से
अकेलेपन की यातना झेलनी पड़ती है उन्हें भी
और कई बार सदियों तक

अकसर सोचता हूँ
वह क्या होता है उनकी स्याही में
कि पन्ना-पन्ना बिखर जाने के बाद भी
वे सदियों तक ताकती रहती हैं
किसी राहुल की राह
किसी तिब्बत के मठ में!

मेरा अनुरोध है कभी आप आएँ
और मेरे साथ चलें
उन थकी-पुरानी
फटी-उदास पांडुलिपियों की दुनिया में

आप पाएँगे वहाँ शब्दों ने पीसकर
समय को बराबर कर दिया है
और अब वहाँ सारा समय एक जगह इस तरह है
कि आपको लगेगा जैसे ब्रह्मसूत्र
पढ़ रहा है मुक्तिबोध को
और शाकुंतल का हिरन
कुछ कह रहा है पद्मावत के तोते से
और बीजक का कोई पद
किसी पोथी से छिटककर
मनु से बहस कर रहा है

और रासो की कोई सबसे पुरानी प्रति
धीरे-धीरे गुनगुना रही है
किसी युवा कवि की अप्रकाशित कोई कविता

हैरान न हों आप
यही आपसदारी ज़िन्दा रखती है पांडुलिपियों को
खो जाने के बाद भी

कहते हैं चीन के महाकवि ली पै
लिखते थे कविताएँ खजूर के पत्तों पर
और बहा देते थे नदी में
फिर पानी जो उनका पहला पाठक होता था
बढ़ा देता था उन्हें
किसी अगले पाठक की ओर
इस तरह बच जाती थीं वे

हालाँकि ध्यान से देखें
तो सारी पांडुलिपियों पर
कहीं न कहीं लगा होता है
धूल के कॉपीराइट का–
एक मज़बूत ठप्पा
जिसके विरोध में
कहीं सब छिपाए रखती हैं
किसी बेचैन हाथ की हल्की-सी गरमाहट
अपने पन्नों के भीतर के
किसी चोरपन्ने में
पर मुझे लगता है
इस समय वही ख़तरे में है

वही एक हाथ की ज़रा-सी गरमाहट
जिसे भीतर जुगाए हुए
दुनिया की असंख्य गुमशुदा
पांडुलिपियाँ—
कहीं आज भी पड़ी हैं
किसी पेड़ की छाल
किसी नदी के कंठ
किसी जेल की दीवार
या किसी पत्थर की स्मृति में।

कविता क्या है

कविता क्या है
हाथ की तरफ़
उठा हुआ हाथ
देह की तरफ़
झुकी हुई आत्मा
मृत्यु की तरफ़
घूरती हुई आँखें
क्या है कविता
कोई हमला
हमले के बाद पैरों को खोजते
लहूलुहान जूते
नायक की चुप्पी
विदूषक की चीख
बालों के गिरने पर
नाई की चिन्ता
एक पत्ती के टूटने पर
राष्ट्र का शोक
आख़िर क्या है
क्या है कविता

मैंने जब भी सोचा
मुझे रामचन्द्र शुक्ल की मूँछें याद आयीं
मूँछों में दबी बारीक-सी हँसी
हँसी के पीछे कविता का राज़
कविता के राज़ पर
हँसती हुई मूँछें!

पानी में घिरे हुए लोग

पानी में घिरे हुए लोग
प्रार्थना नहीं करते
वे पूरे विश्वास से देखते हैं पानी को
और एक दिन
बिना किसी सूचना के
खच्चर, बैल या भैंस की पीठ पर
घर-असबाब लादकर
चल देते हैं कहीं और

यह कितना अद्‌भुत है
कि बाढ़ चाहे जितनी भयानक हो
उन्हें पानी में
थोड़ी-सी जगह ज़रूर मिल जाती है
थोड़ी-सी धूप
थोड़ा-सा आसमान

फिर वे गाड़ देते हैं खम्भे
तान देते हैं बोरे
उलझा देते हैं मूँज की रस्सियाँ और टाट

पानी में घिरे हुए लोग
अपने साथ ले आते हैं पुआल की गन्ध
वे ले आते हैं आम की गुठलियाँ
खाली टिन
भुने हुए चने
वे ले आते हैं चिलम और आग

फिर बह जाते हैं उनके मवेशी
उनकी पूजा की घण्टी बह जाती है
बह जाती है महावीर जी की आदमक़द मूर्ति
घरों की कच्ची दीवारें
दीवारों पर बने हुए हाथी-घोड़े
फूल-पत्ते
पाट-पटोरे
सब बह जाते हैं

मगर पानी में घिरे हुए लोग
शिकायत नहीं करते
वे हर क़ीमत पर अपनी चिलम के छेद में
कहीं-न-कहीं बचा रखते हैं
थोड़ी-सी आग

फिर डूब जाता है सूरज
कहीं से आती हैं
पानी पर तैरती हुई
लोगों के बोलने की तेज़ आवाज़ें
कहीं से उठता है धुँआ
पेड़ों पर मँडराता हुआ

और पानी में घिरे हुए लोग
हो जाते हैं बेचैन

वे जला देते हैं
एक टुटही लालटेन
टाँग देते हैं किसी ऊँचे बाँस पर
ताकि उनके होने की ख़बर
पानी के पार तक पहुँचती रहे

फिर उस मद्धिम रोशनी में
पानी की आँखों में
आँखें डाले हुए
वे रात-भर खड़े रहते हैं
पानी के सामने
पानी की तरफ़
पानी के खिलाफ़

सिर्फ़ उनके अन्दर
अरार की तरह
हर बार कुछ टूटता है
हर बार पानी में कुछ गिरता है
छपाक्...छपाक्...

माँझी का पुल*

मेरे गाँव से दिखाई पड़ता है
माँझी का पुल

मैंने पहली बार
स्कूल से लौटते हुए
उसकी लाल लाल ऊँची मेहराबें देखी थीं
यह सर्दियों के शुरू के दिन थे
जब पूरब के आसमान में
सारसों के झुण्ड की तरह डैने पसारे हुए
धीरे-धीरे उड़ता है माँझी का पुल

वह कब बना था
कोई नहीं जानता
किसने बनाया था माँझी का पुल
यह सवाल मेरी बस्ती के लोगों को
अब भी परेशान करता है

'तुम्हारे जन्म से पहले'—
कहती थीं दादी

---

*माँझी : उत्तर प्रदेश और बिहार की सीमा पर स्थित एक गाँव जहाँ घाघरा नदी पर रेलवे का पुराना पुल है।

'जब दिन में रात हुई थी
उससे भी पहले'–
कहता है गाँव का बूढ़ा चौकीदार

क्या यह सच नहीं है कि एक सुबह इसी तरह
किनारे की रेती पर
पड़ा हुआ मिला था माँझी का पुल
बंसी मल्लाह की आँखें पूछती हैं!

लालमोहर हल चलाता है
और ऐन उसी वक़्त
जब उसे खैनी की ज़रूरत महसूस होती है
बैलों के सींगों के बीच से दिख जाता है
माँझी का पुल

झपसी की भेंड़ें–
उसने बारहा देखा है–
जब चरते-चरते थक जाती हैं
तो मुँह उठाकर
उस तरफ देखने लगती हैं
जिधर माँझी का पुल है

माँझी के पुल में कितने पाये हैं?
उन्नीस–कहता है जगदीश
बीस–सनझू हज्जाम का ख़याल है
कई बार यह संख्या तेईस या चौबीस तक चली जाती है
रात में कम हो जाते हैं?
क्या सुबह सुबह बढ़ जाते हैं
माँझी के पुल के पाये?

माँझी के पुल में कितनी ईंटें हैं?
कितने अरब बालू के कण?
कितने खच्चर
कितनी बैलगाड़ियाँ
कितनी आँखें
कितने हाथ चुन दिये गये हैं माँझी के पुल में
मेरी बस्ती के लोगों के पास
कोई हिसाब नहीं है

सचाई यह है
मेरी बस्ती के लोग सिर्फ़ इतना जानते हैं
दोपहर की धूप में
जब किसी के पास कोई काम नहीं होता
तो पके हुए ज्वार के खेत की तरह लगता है
माँझी का पुल

मगर पुल क्या होता है?
आदमी को अपनी तरफ़ क्यों खींचता है पुल?
ऐसा क्यों होता है कि रात की आख़िरी गाड़ी
जब माँझी के पुल की पटरियों पर चढ़ती है
तो अपनी गहरी नींद में भी
मेरी बस्ती का हर आदमी हिलने लगता है?

एक गहरी बेचैनी के बाद
मैंने कई बार सोचा है माँझी के पुल में
कहाँ है माँझी?
कहाँ है उसकी नाव?
क्या तुम ठीक उसी जगह उँगली रख सकते हो
जहाँ एक पुल में छिपी रहती है नाव?

मछलियाँ अपनी भाषा में
क्या कहती हैं पुल को?
सूँस और घड़ियाल क्या सोचते हैं?
कछुओं को कैसा लगता है पुल
जब वे दोपहर बाद की रेती पर
अपनी पीठ फैलाकर
उसकी मेहराबें सेंकते हैं?

मैं जानता हूँ मेरी बस्ती के लोगों के लिए
यह कितना बड़ा आश्वासन है
कि वहाँ पूरब के आसमान में
हर आदमी के बचपन के बहुत पहले से
चुपचाप टँगा हुआ है माँझी का पुल

मैं सोचता हूँ
और सोचकर काँपने लगता हूँ
उन्हें कैसा लगेगा अगर एक दिन अचानक यह पता चले
वहाँ नहीं है माँझी का पुल!

मैं ख़ुद से पूछता हूँ
कौन बड़ा है
वह जो नदी पर खड़ा है माँझी का पुल
या वह जो टँगा है लोगों के अन्दर?

क्या आप विश्वास करेंगे
मेरी बस्ती के लोग अक्सर पूछते हैं
माँझी के पुल से कितनी दूर है
माँझी का पुल?

बनारस

इस शहर में बसन्त
अचानक आता है
जब आता है तो मैंने देखा है
लहरतारा या मड़ुवाडीह की तरफ़ से
उठता है धूल का एक बवंडर
और इस महान पुराने शहर की जीभ
किरकिराने लगती है

जो है वह सुगबुगाता है
जो नहीं है वह फेंकने लगता है पचखियाँ
आदमी दशाश्वमेध पर जाता है
और पाता है घाट का आख़िरी पत्थर
कुछ और मुलायम हो गया है
सीढ़ियों पर बैठे बन्दरों की आँखों में
एक अजीब-सी नमी है
और एक अजीब-सी चमक से भर उठा है
भिखारियों के कटोरों का ख़ालीपन

तुमने कभी देखा है
ख़ाली कटोरों में बसन्त का उतरना!
यह शहर इसी तरह खुलता है
इसी तरह भरता
और ख़ाली होता है यह शहर
इसी तरह रोज़-रोज़ एक अनन्त शव
ले जाते हैं कन्धे
अँधेरी गली से
चमकती हुई गंगा की तरफ़

इस शहर में धूल
धीरे-धीरे उड़ती है
धीरे-धीरे चलते हैं लोग
धीरे-धीरे बजते हैं घण्टे
शाम धीरे-धीरे होती है

यह धीरे-धीरे होना
धीरे-धीरे होने की एक सामूहिक लय
दृढ़ता से बाँधे है समूचे शहर को
इस तरह कि कुछ भी गिरता नहीं है
कि हिलता नहीं है कुछ भी
कि जो चीज़ जहाँ थी
वहीं पर रखी है
कि पानी वहीं है
कि वहीं पर बँधी है नाव
कि वहीं पर रखी है तुलसीदास की खड़ाऊँ
सैकड़ों बरस से

कभी सई-साँझ
बिना किसी सूचना के
घुस जाओ इस शहर में
कभी आरती के आलोक में
इसे अचानक देखो
अद्भुत है इसकी बनावट
यह आधा जल में है
आधा मंत्र में
आधा फूल में है
आधा शव में
आधा नींद में है
आधा शंख में
अगर ध्यान से देखो
तो यह आधा है
और आधा नहीं है

जो है वह खड़ा है
बिना किसी स्तम्भ के
जो नहीं है उसे थामे हैं
राख और रोशनी के ऊँचे-ऊँचे स्तम्भ
आग के स्तम्भ
और पानी के स्तम्भ
धुएँ के
ख़ुशबू के
आदमी के उठे हुए हाथों के स्तम्भ

किसी अलक्षित सूर्य को
देता हुआ अर्घ्य
शताब्दियों से इसी तरह
गंगा के जल में
अपनी एक टाँग पर खड़ा है यह शहर
अपनी दूसरी टाँग से
बिलकुल बेख़बर

नक़्शा

मैं बाज़ार गया
मैंने बाज़ार में ख़रीदा एक नक़्शा
नक़्शे में बहुत-कुछ था
जिसे मैं जानता नहीं था

मैं जानता नहीं था
इसलिए नक़्शे को ले आया घर
टाँग दिया दीवार पर

अब दीवार भरी-पूरी लग रही थी
जैसे नक़्शा पृथ्वी को ले आया हो
मेरे घर में

मैं .खुश था नक़्शे में
क्योंकि वहाँ इतनी जगह थी
इतनी सारी जगह
कि मैं उसमें सदियों तक रह सकता था
अपने पूरे कुनबे के साथ

मुझे आश्चर्य हुआ
मैं इतने दिनों तक
बिना किसी नक़्शे के जीता रहा
पृथ्वी पर

फिर नक़्शा जैसे कोई क़िला हो
मैं उसमें घुसा
एक किसान का बेटा मैं
सुबह से शाम तक
भटकता रहा नक़्शे में
मैं वहाँ घूमा गड़ेरियों के पीछे-पीछे
और नदियों की यादाश्त में
मैं वहाँ लेटा रहा
अराराट के पत्थरों पर
और युद्ध के मैदानों में
मैंने वहाँ बहुत-कुछ बहुत-कुछ देखा
पर नक़्शे में
अपनी ही दीवार पर टँगे हुए
दुनिया के उस महान नक़्शे में
मुझे नहीं मिला
नहीं मिला अपना घर

नक्शे में कोई राजा नहीं था
पर उसकी अनुपस्थिति टहल रही थी
नक़्शे में

पृथ्वी रहेगी

मुझे विश्वास है
यह पृथ्वी रहेगी
यदि और कहीं नहीं तो मेरी हड्डियों में
यह रहेगी जैसे पेड़ के तने में
रहती हैं दीमक
जैसे दाने में रह लेता है घुन
यह रहेगी प्रलय के बाद भी मेरे अन्दर
यदि और कहीं नहीं तो मेरी ज़बान
और मेरी नश्वरता में
यह रहेगी

और एक सुबह मैं उठूँगा
मैं उठूँगा पृथ्वी-समेत
जल और कच्छप-समेत मैं उठूँगा
मैं उठूँगा और चल दूँगा उससे मिलने
जिससे वादा है
कि मिलूँगा

गाँव आने पर

अब आ तो गया हूँ
पर क्या करूँ मैं?

एक बूढ़े पक्षी की तरह लौट-लौटकर
मैं क्यों यहाँ चला आता हूँ बार-बार?

पृथ्वी पर ऊब
क्या उतनी ही पुरानी है
जितनी दूब?

यह हवा
मुझे घेरती क्यों है?
क्यों यहाँ चलते हुए लगता है
अपनी साँस के अन्दर के
किसी गहरे भरे मैदान में चल रहा हूँ।

कौन हैं ये लोग
जोकि मेरे हैं?
इनके चेहरों को देखकर

मुझे अपनी घड़ी की सुई
ठीक क्यों करनी पड़ती है बार-बार?

जो मेरे नहीं हैं
आख़िर वे भी तो मेरे ही हैं
चाहे जहाँ भी रहते हों
फिर क्यों यह ज़िद
कि यही-यही
सिर्फ़ यही मेरा घर है?

अपनी सारी गर्द
और थकान के साथ
अब आ तो गया हूँ
पर यह कैसे साबित हो
कि उनकी आँखों में
मैं कोई तौलिया या सूटकेस नहीं
मैं ही हूँ

क्या करूँ मैं?
क्या करूँ, क्या करूँ कि लगे
कि मैं इन्हीं में से हूँ
इन्हीं का हूँ
कि यही हैं मेरे लोग
जिनका मैं दम भरता हूँ कविता में
और यही यही जो मुझे कभी नहीं पढ़ेंगे

छू लूँ किसी को?
लिपट जाऊँ किसी से?

मिलूँ
पर किस तरह मिलूँ
कि बस मैं ही मिलूँ
और दिल्ली न आये बीच में

क्या है कोई उपाय
कि आदमी सही-साबूत निकल जाए गली से
और बिल्ली न आये बीच में?

कुदाल

उसे दरवाज़े पर रखकर
चला गया है माली
उसका वहाँ होना
अटपटा लगता है मेरी आँखों को

पर जाते हुए दिन की
धुँधली रोशनी में
उसकी वह अजब अड़बंग-सी धूलभरी धज
आकर्षित करती है मुझे

काम था
सो हो चुका है
मिट्टी थी
सो ख़ुद चुकी है जड़ों तक
और अब कुदाल है कि एक चुपचाप चुनौती की तरह
खड़ी है दरवाज़े पर

सोचता हूँ उसे वहाँ से उठाकर
ले आऊँ अन्दर
और रख दूँ किसी कोने में

ड्राइंग-रूम कैसा रहेगा—
मैं सोचता हूँ
न सही कुदाल
एक अलंकार ही सही

यदि वहाँ रह सकती है नागफनी
तो कुदाल क्यों नहीं?

पर नहीं—मेरे मन ने कहा
कुदाल नहीं रह सकती ड्राइंग-रूम में
इससे घर का संतुलन बिगड़ सकता है

फिर मेरा ध्यान गया रसोईघर की ओर
पर वहाँ पवित्रता का जो एक ताज़ा धुला हुआ
गहरा आतंक था
मुझे लगा कुदाल उसके सामने
बिलकुल लाचार है

फिर किया क्या जाय मैंने सोचा
कि तभी ख़याल आया
उसे क्यों न छिपा दूँ
पलँग के नीचे के अँधेरे में

इससे साहस थोड़ा दबेगा ज़रूर
पर हवा में जो भर जाएगी एक रहस्य की गंध
उससे घर की गरमाहट कुछ बढ़ेगी ही

लेकिन पलँग के नीचे कुदाल?

मैं ठठाकर हँस पड़ा इस अद्भुत बिम्ब पर
अन्त में कुदाल के सामने रुककर
मैंने कुछ देर सोचा कुदाल के बारे में
सोचते हुए लगा उसे कंधे पर रखकर
किसी अदृश्य अदालत में खड़ा हूँ मैं
पृथ्वी पर कुदाल के होने की गवाही में

पर सवाल अब भी वहीं था
वहीं जहाँ उसे रखकर चला गया था माली
मेरे लिए मेरी सदी का सबसे कठिन सवाल
कि क्या हो—अब क्या हो कुदाल का

क्योंकि अँधेरा बढ़ता जा रहा था
और अँधेरे में धीरे-धीरे बढ़ता जा रहा था
कुदाल का क़द
और अब उसे दरवाज़े पर छोड़ना
ख़तरनाक था
सड़क पर रख देना असम्भव
मेरे घर में कुदाल के लिए जगह नहीं थी।

त्रिनिनाद

उनसे मिलना
समुद्र में बनते हुए नमक से मिलना था
एक देह का
अपनी त्वचा से मिलना था उनसे मिलना

और एक नमस्कार था
जो अपने उच्चारण की सारी झंकृति में चुप
ठिठका-सा खड़ा था बीच में
और हाथ थे जो सोच में पड़े थे
कि जुड़ें कि न जुड़ें

क्योंकि वे लोग थे
जो बहुत कुछ भूल चुके थे
उस सपाट कैरिबियन बालू की तरह
जहाँ टापू की पहली बीड़ी की महक
और अन्तिम चमरौधे की चरमर के साथ
कभी उतरे थे उनके पुरखे

मुझे लगा—मैं उनसे पहले भी मिल चुका हूँ
पर इसका समर्थन न तो मेरी आँखें करती थीं
न मेरा दिमाग़
पर सच यही था जिसके पक्ष में
हाँ...हाँ...हाँ...कहे जा रहा था समुद्र
अपनी स्मृति की चट्टानों पर
पछाड़ खाते हुए

उस शाम एक मछुआरा
फिर नहीं लौटा था गहरे समुद्र से
और एक जन और कम हो गया था टापू में
और आकाश में बढ़ गया था एक तारा और!

पर समुद्र से शिकायत
वहाँ किसी को नहीं थी
क्योंकि वह टापू का सबसे वयोवृद्ध नागरिक था
अपनी लम्बी श्वेत फहराती हुई दाढ़ी में
सबसे सम्मानित

वह था
इसलिए दसों दिशाओं से
भरा-भरा-सा रहता था टापू
और जब कहीं से नहीं आती थी
तब सिर्फ़ तट के पत्थरों
और ह्वेल मछलियों की आँखों से आती थी
ज़रा-सी रोशनी
और भटकी हुई नावों
और ठिठके हुए विचारों को
मिल जाता था रास्ता

और एक गन्ध थी हल्की-सी
जो फैली हुई पूरे टापू में थी
यहाँ तक कि रास्ते की धूल
और पक्षियों की आवाज़ में भी
पर न तो वह उनके घरों से आती थी
न नारियल के कुंजों
न कहीं पकती हुई मछली की भाप
न समुद्री झाग से
पर वह आती थी हमेशा
समुद्र की तरफ़ से
मानो झाग फेन और शार्कों के ख़ूनी
जबड़ों से छनकर

और जब वह आती थी
वे हो जाते थे बेचैन
और अक्सर चले जाते थे
उसी बूढ़े समुद्र के पास
क्योंकि उनका ख़याल था—
वह जो दढ़ियल समुद्र है
सब जानता है
कि वही—सिर्फ़ वही जानता है
कि तट पर बिखरे हुए बालू के कणों में
वह कौन-सा कण है
जिसके भीतर बन्द है उस पहले जहाज के लंगर के निशान
और खून के वे छींटे
जो वहाँ गिरे थे पहली बार पुरखों की पीठ से
कोड़ों से छिलकर

कोड़े अब कहीं नहीं थे
कम से कम वे दिखते नहीं थे
सिर्फ़ रेती पर उनका बेआवाज़ गिरना था
जिसे भूल से वे कहते थे समुद्री हवा
और बन्द कर लेते थे
घरों के दरवाज़े

क्या ये स्मृति-हीन लोग हैं?
अपनी बगलवाले आदमी की गहरी उदास कैरेबियन आँखों में
झाँकते हुए मैंने सोचा
मुझे लगा—वहाँ बिहार के
किसी सूने कछार की ज़रा-सी नमी
कहीं अब भी बची थी
और एक अजब-सी खनक थी उसकी आवाज़ में
बल्कि एक मूर्च्छना
किसी भूली हुई सुदूर भोजपुरिया धुन की
जिसे उस पूरी भीड़ में मैं
और सिर्फ़ मैं सुन रहा था

उसने बताया उसके पुरखे उदयपुर से थे
जो कहीं बिहार में है
पर उसकी बात को काटते हुए
जब मैंने धीरे-से कहा—उदयपुर बिहार में नहीं
राजस्थान में है
वह हो गया उदास
और एकदम निहत्था!

मुझे दुख हुआ
मैंने उसके नक़्शे के रंगों को
कर दिया गडमड

असल में वह जो नक्शा था
टापू में घिरे एक बेचैन आदमी का
अपना सृजन था—
जहाँ दिल्ली के किनारे
बहती थी गंगा
और बनारस हिमालय के उत्तर में कहीं था
और महाराष्ट्र नाम था
महाभारत के किसी पात्र का
और केरल एक शहर
जो कहीं हो सकता था बंगाल में!

क्या सचमुच ये स्मृतिहीन लोग हैं?
अबकी मेरी स्मृति ने जैसे मुझी से पूछा
मुझे चीरते-फाड़ते हुए
अगर ये स्मृतिहीन लोग हैं
तो फिर मैं क्या हूँ?
भूलता तो मैं भी जा रहा हूँ
कुछ न कुछ रोज़-रोज़
और जो भूलता जा रहा हूँ
वह महज़ नीम की पत्तियाँ
और महुए की टपक नहीं
भूलता तो यह भी जा रहा हूँ
कि भूलता जा रहा हूँ मैं

तो क्या मैं भी डायस्पोरा हूँ?
कहीं अपने समय के किसी त्रिनिनाद में
एक अजब आप्रवासी!

मैं स्वीकार करूँ
उस छोटे से टापू के उस विशाल सभाकक्ष में
जब मैंने पहली बार सुना यह शब्द 'डायस्पोरा'
उसकी ध्वनि से मुझे डर लगा
जैसे डायनासोर फिर से
वापस आ गया हो!

और यह तो मैंने बाद में जाना
जब मेरा सामान बँध चुका था
और मैं खड़ा था अकेला
उस चीख़ते-चिल्लाते समुद्र के सामने
कि स्मृतियाँ
इसी तरह बदला लेती हैं—
कभी ख़ून के छींटों की तरह
बालू के कणों में होकर अदृश्य
कभी भरे सभाकक्ष में
डायनासोर बनकर!

बर्लिन की टूटी दीवार को देखकर

तीन दिन हुए
मैंने बर्लिन में देखे नहीं कौए
लेकिन क्यों कौए?
इस भारतीय कवि को क्यों चाहिए कौए
इस सुन्दर शहर में
जबकि आसमान उतना ही नीला है
बिना कौओं के भी!

यह एक छोटा-सा होटल है
जहाँ हम कुछ हिन्द-पाक लेखक
ठहरे हैं साथ-साथ
और हमारे पासपोर्ट चाहे जो कहते हों
यहाँ हममें से हरेक थोड़ा-थोड़ा हिन्द है थोड़ा-थोड़ा पाक
हम साथ-साथ खाते हैं
पीते हैं साथ-साथ
हँसते-हँसते कभी-कभी हो जाते हैं उदास भी

यह साथ-साथ हँसना
उदास होना साथ-साथ

एक दुर्लभ अनुभव है
एक विदेशी ज़मीन पर

वहाँ बाहर
मेरी खिड़की से दिखते हैं
दो वायुयान जैसे दो कबूतर
दो महायुद्ध—वहाँ बेंच पर बैठे
वृद्धों की स्मृति में ठाँय-ठाँय करते हुए
एक ताज़ा चुम्बन किन्हीं होंठों से गिरकर
वहाँ घास पर पड़ा हुआ

पर मेरी खिड़की से दिखती है
बर्लिन की टूटी दीवार भी
और देखता हूँ कि उसके चारों ओर
लगा रही है चक्कर एक पागल स्त्री
न जाने कब से।
कहीं कुछ है कील की तरह
उसकी आत्मा में ठुँका हुआ
कि रुकने ही देता नहीं उसे
और वह बार-बार
आ रही है
जा रही है
उधर से इधर
और इधर से उधर...

इधर एक छोटी-सी महफ़िल में
सुन रहे हैं हम अहमद फराज़ को
कोई ताज़ा ग़ज़ल सुना रहे हैं वे

झूम रहे हैं सब
झूम रहा हूँ मैं भी
पर मेरी आँखें खिड़की के पार
बर्लिन की उस टूटी दीवार पर टिकी हैं
जहाँ वह पागल स्त्री ग़ज़ल को चीरती हुई
लगाये जा रही है अब भी चक्कर पर चक्कर...

जैसे कोई बिजली कौंध जाए
एक दबी हुई स्मृति
झकझोर जाती है मुझे
और मुझे लगता है कहीं मेरे भीतर भी है
एक पागल स्त्री
जो दरवाज़ों को पीटती
और दीवारों को खुरचती हुई
उसी तरह लगा रही है चक्कर
मेरे उपमहाद्वीप के विशाल नक़्शे में
न जाने कब से—

देखता हूँ कि ग़ज़ल के बीच में
कोई मिसरा भूल रहे हैं अहमद फ़राज़
पिछले शेर और अगले के बीच का
एक अजब-सा सन्नाटा
भर गया हैं कमरे में
पर मुझे लगता है मेरे भीतर की वह पागल स्त्री
अब एक दीवार के आगे खड़ी है
और चीख रही है—"यह दीवार...
आख़िर यह दीवार
कब टूटेगी?"

इतने बरस हुए
ग़ज़लों से भरे इस उपमहाद्वीप में
मुझे एक भूले हुए मिसरे का अभी इन्तज़ार है

एक ठेठ देहाती कार्यकर्ता के प्रति

वक़्त-बेवक़्त
वह साइकिल दनदनाता हुआ चला आता है
कई बार मैं झुँझला उठता हूँ
उसके इस तरह आने पर
उसके सवालों और उसके तम्बाकू पर
तिलमिला उठता हूँ मैं
मैं बेहद परेशान हो जाता हूँ
उसकी ग़लत-सलत भाषा
उसके शब्दों से गिरती धूल
और उसके उन बालों पर
जो उसके माथे से पूरी तरह उड़ गये हैं

कई बार
उसकी भूकम्प-सी चुप्पी
मुझे अस्तव्यस्त कर देती है

उसकी साईकिल में हवा
हमेशा कम होती है
हमेशा उसकी बग़ल में होता है

एक और कोई चेहरा
जिसे थाने पर बुलाया गया है

मुझे थाने से चिढ़ है
मैं थाने की धज्जियाँ उड़ाता हूँ
मैं उस तरफ़ इशारा करता हूँ
जिधर थाना नहीं है
जिधर पुलिस कभी नहीं जाती
मैं उस तरफ़ इशारा करता हूँ

वह धीरे से हँसता है
और मेरी मेज़ हिलने लगती है
मेरी मेज़ पर रखी किताबें
हिलने लगती हैं
मेरे सारे शब्द और अक्षर
हिलने लगते हैं

मैं उसे रोकता नहीं
न कहता हूँ कल परसों
दोपहर
शाम

वह उठता है
और दरवाज़ों को ठेलकर
चला जाता है बाहर

मेरी उम्मीद
उसका पीछा नहीं करती

सिर्फ़ कुछ देर तक
चील की तरह हवा में मँडराती है
और झपट्टा मारकर
ठीक उसी जगह बैठ जाती है
जहाँ से वह चला गया था

टूटा हुआ ट्रक

मैं पिछली बरसात से उसे देख रहा हूँ
वह वहाँ उसी तरह खड़ा है
टूटा हुआ और हैरान
और अब उससे अँखुए फूट रहे हैं

मैं देख रहा हूँ
एक छोटी-सी लतर
स्टीयरिंग की ओर बढ़ी जा रही है
एक ज़रा-सी पत्ती
भोंपू के पास झुकी है
जैसे उसे बजाना चाहती हो
एक बहुत महीन और बेआवाज़-सी ठोक-पीट
लगातार जारी है समूचे ट्रक में
कोई नट खोला जा रहा है
कोई तार कसा जा रहा है
टूटा हुआ ट्रक
पूरी तरह सौंप दिया गया है
घास के हाथों में
और घास परेशान है

पहिये बदलने के लिए

मेरे लिए यह सोचना कितना सुखद है
कि कल सुबह तक सब ठीक हो जाएगा
मैं उठूँगा
और अचानक सुनूँगा भोंपू की आवाज़
और घरघराता हुआ ट्रक चल देगा
तिनसुकिया या बोकाजान...

शाम हो रही है
टूटा हुआ ट्रक उसी तरह खड़ा है
और मुझे घूर रहा है

मैं सोचता हूँ
अगर इस समय वो वहाँ न होता
तो मेरे लिए कितना मुश्किल था पहचानना
कि यह मेरा शहर है
और ये मेरे लोग
और वो वो
मेरा घर

सन् 47 को याद करते हुए

तुम्हें नूर मियाँ की याद है केदारनाथ सिंह
गेहुँए नूर मियाँ
ठिगने नूर मियाँ
रामगढ़ बाज़ार से सुर्मा बेचकर
सबसे अन्त में लौटने वाले नूर मियाँ
क्या तुम्हें कुछ भी याद है केदारनाथ सिंह

तुम्हें याद है मदरसा
इमली का पेड़
इमामबाड़ा
तुम्हें याद है शुरू से अख़ीर तक
उन्नीस का पहाड़ा
क्या तुम अपनी भूली हुई स्लेट पर
जोड़-घटाकर
यह निकाल सकते हो
कि एक दिन अचानक तुम्हारी बस्ती को छोड़कर
क्यों चले गये थे नूर मियाँ
क्या तुम्हें पता है
इस समय वे कहाँ हैं
ढाका

या मुल्तान में
क्या तुम बता सकते हो
हर साल कितने पत्ते गिरते हैं
पाकिस्तान में

तुम चुप क्यों हो केदारनाथ सिंह
क्या तुम्हारा गणित कमज़ोर है

इराक़-युद्ध में एक घायल बच्चे को टी.वी. पर देखकर

अस्पताल की ओर भागते
एक बदहवास बाप की ख़ून से लथपथ लम्बी बाँहों में
एक शिशु देह की बेदम रुलाई
जो इतनी थी बेदम कि बन नहीं सकती थी
चीत्कार!

एक छटपटाता हुआ घुन
गेहूँ के जलते गोदाम में

वह आँख!
हाँ-हाँ वह शिशु-आँख
चेहरे से लटककर हवा में झूलती हुई...

बन्द कर दो टी.वी.
अगर जला न सको उसे
इनकार करता हूँ मैं कि मैं कवि हूँ
और देख रहा हूँ इन्हीं आँखों से
एक शिशु-आँख हवा में झूलती हुई...

नहीं—मुझे सोने नहीं देगी
वह शिशु-आँख—कई रातों तक
रोने नहीं देगी मेरी अपनी ही आँख
जो खो चुकी है फूटकर रोने की क्षमता

शहर में रात

बिजली चमकी, पानी गिरने का डर है
वे क्यों भागे जाते हैं जिनके घर हैं
वे क्यों चुप हैं जिनको आती है भाषा
वह क्या है जो दिखता है धुआँ-धुआँ-सा
वह क्या है हरा-हरा-सा जिसके आगे
हैं उलझ गये जीने के सारे धागे
यह शहर कि जिसमें रहती हैं इच्छाएँ
कुत्ते भुनगे आदमी गिलहरी गाएँ
यह शहर कि जिसकी ज़िद है सीधी-सादी
ज़्यादा-से-ज़्यादा सुविधा सुख आज़ादी
तुम कभी देखना इसे सुलगते क्षण में
यह अलग-अलग दिखता है हर दर्पण में
साथियो, रात आयी, अब मैं जाता हूँ
इस आने-जाने का वेतन पाता हूँ
जब आँख लगे तब सुनना धीरे-धीरे
किस तरह रात-भर बजती हैं जंज़ीरें

एक कविता—निराला को याद करते हुए

उठता हाहाकार जिधर है
उसी तरफ़ अपना भी घर है

खुश हूँ—आती है रह-रहकर
जीने की सुगन्ध बह-बहकर

उसी ओर कुछ झुका-झुका-सा
सोच रहा हूँ रुका-रुका-सा

गोली दगे न हाथापाई
अपनी है यह अजब लड़ाई

रोज़ उसी दर्ज़ी के घर तक
एक प्रश्न से सौ उत्तर तक

रोज़ कहीं टाँके पड़ते हैं
रोज़ उधड़ जाती है सीवन

'दुखता रहता है अब जीवन'

बारिश में स्त्री

—कि अचानक आ गयी बारिश
छाता नहीं था उसके पास
मेरे पास होने का सवाल ही नहीं था
सो भींगते रहे हम
भींगते हुए वह एक किताब की तरह खुली थी
जिसके अक्षर पूरी तरह धुल-पुँछ गये थे
और खुशख़त बारिश मानो नये सिरे से
उसके वक्ष पर
कन्धों पर
ठुड्डी पर
बालों पर लिखे जा रही थी
कोई तरल इबारत
जिसे पढ़ रही थीं मेरी आँखें
और सुन रहे थे मेरे कान
पानी के इतिहास का वह एक दुर्लभ क्षण था
जब मेरी आँखों के आगे
एक नयी वर्णमाला का जन्म हो रहा था
एक स्त्री-शरीर से

शरीर की अपनी वह एक चम्पई स्याही थी
जिसमें छप् छप् छप् छप्
छपते जा रहे थे अक्षर
और अपनी त्वचा से छनकर
वह उन्नत शरीर अपनी सारी समृद्धि में
धीरे-धीरे बदलता जा रहा था
पानी के अपने एक महाकाव्य में
एक तृप्त मेढक
बारिश के बीच टर्राना भूलकर
अवाक् देखे जा रहा था
इस समूचे दृश्य को

उसकी चुप्पी

धूप नहीं थी कमरे में
पर कहीं कुछ था
जो उसकी देह से छनकर
धूप की तरह लगता था
मेरी त्वचा को

सूरज की जगह
वहाँ एक रंगों की किताब थी
जो खुली पड़ी थी
समय का एक घेरा था
जिसे स्थान की नमी ने
लबालब भर दिया था

स्थान की जगह पर
फैला था समय

गिलास के जल में
पूरा आसमान था
एक पूरी दुनिया थी

जहाँ हरेक की साँस में
हरेक की साँस की
आवाजाही थी

एक कार्य था
जो अपनी गरिमा में सशरीर दमक रहा था
अपने कारण के ख़िलाफ़

हवा में
अगली फ़सल की धमक थी
पिछले दिन थे
जो अगले दिनों की
भट्ठी में तप रहे थे

जितनी वह चुप थी
बस उतनी ही भाषा
बची थी मेरे पास
बस उतना ही अनन्त मेरी झोली में था
जितना जल्दी-जल्दी
ढल रहा था दिन।

धूप में घोड़े पर बहस

वे तीनों धूप में बैठे थे
और घोड़े पर बहस कर रहे थे

वह सुन्दर है–एक ने कहा
ग़लत–दूसरे ने काटा
वह सिर्फ़ ठोस है–बेहद ठोस

तीसरा जोकि अब तक चुप था
धीरे से बोला–वह इतना ठोस है
कि उस पर बहस नहीं हो सकती

क्यों नहीं हो सकती–पहला चीख़ा
ज़रूर हो सकती है–दूसरे ने हामी भरी

तीसरा चुप था
बल्कि कहना चाहिए ख़ुश था
वह बीड़ी की राख झाड़ते हुए बोला–
मगर घोड़ा कहाँ है?

तो क्या हुआ
घोड़े पर बहस तो हो सकती है
पहले ने कहा

हो सकती है मगर मुझे दुख है
मैंने बरसों से घोड़ा नहीं देखा—
तीसरे की आवाज़ में एक अजीब-सा दर्द था

घोड़े कम होते जा रहे हैं
पहले ने कहा

ठीक—मगर यही तो सवाल है
कि घोड़े क्यों कम होते जा रहे हैं
दूसरे ने उत्तर दिया

वे बिक जाते हैं—पहले ने कहा

मगर कौन ख़रीदता है इतने सारे घोड़े
इसका आँकड़ा कहीं तो होगा—
दूसरे का सवाल था

है—मगर वह हमें मिल नहीं सकता
पहले ने 'है' पर ज़ोर देते हुए कहा

क्यों—क्यों नहीं मिल सकता—
दूसरा काँप रहा था

इसलिए कि घोड़े
आँकड़ों को रौंद देते हैं

पहले ने कहा
पहले की आवाज़ इतनी धीमी थी
मानो वह दूसरे से नहीं
खुद से कह रहा हो

तीसरा जोकि अब तक चुप था
एकदम चीख़ा—दोस्तो
एक दिन आँकड़े उठेंगे
और सब को रौंद डालेंगे

इसके बाद लम्बे समय तक
कोई बहस नहीं हुई।

चुनाव की पूर्व संध्या पर

भेड़िये से फिर कहा गया है
अपने जबड़ों को खुला रखे
यह सारा देश
उसमें झाँककर देखना चाहता है
अपना चेहरा
अपनी आँखें
अपना ललाट

दूसरा उपाय नहीं है
जैसे इस समय दूसरी सड़क नहीं है
सिवा उस सड़क के
जिस पर बच्चों के खेलने की सख़्त मनाही है

और आदमी अगर आज भी
आफिस
या कोर्ट
या पूछताछ के दफ़्तर
या मतदान-केन्द्र
या साइकिल-दौड़ के मैदान में जाना

ज़रूरी समझता है
तो इसलिए नहीं
कि वह राख से पैदा होने वाली
चिड़िया के चमत्कार में विश्वास रखता है
बल्कि इसलिए कि उसका कोट
उसमें ज़रा भी दिलचस्पी नहीं लेता

जिस पर वह रात भर सोता है
वह चारपाई
उसकी नींद से करोड़ों मील दूर कहीं पड़ी रहती है
और वह कुछ नहीं जानता कि वह साबुन
जिसे वह हर सुबह अपनी गर्दन या पीठ
बेहिचक सौंप देता है
कहाँ और किस तरह बनता है
और एक दिन किस नियम के अनुसार
किन हाथों या डिब्बों से होता हुआ
उसके पास चला आता है!

अतः एक शाम
जबकि शाम लगभग बीत चुकी होती है
वह अचानक उठता है
और चलने से पहले
अपने जूते का फीता बाँधते हुए सोचता है—
चीज़ो को अब भी बदला जा सकता है
अगर सिर्फ़ यह निश्चित हो
कि अगली बस 6 बजे आएगी
या 6 बजकर 15 मिनट पर?

शहर को
भूख या ज़हरीली गैस से अब भी बचाया जा सकता है
अगर सिर्फ़ यह पता चल जाय
कि सड़क पर जो पहला आदमी मिलेगा
उसका नाम क्या है?

या फिर अगले बजट में
कितने विशेषण
और कितने सर्वनाम होंगे?

एक छोटा-सा मौन

एक छोटा-सा मौन है
जिसमें पशु, वनस्पतियाँ और सड़कों के लैम्पपोस्ट
सब शामिल हैं
और नंगे आसमान-सी एक खुली हुई भाषा है
जिसमें कोई शरीक नहीं।
एक अजब-सी रोशनी है
जिसमें चीज़ों का रंग हरा है या भूरा
पीला है या सफ़ेद
कुछ भी ठीक नहीं।
और एक गंध है
जो गंध से ज़्यादा मुँह के अन्दर
एक किरकिराता-सा स्वाद है।
और हर मौसम घटना या मुलाक़ात
उससे कुछ पहले या उसके कुछ बाद है।

और एक पैर है
जो चीज़ों को गेंद की तरह
समय में उछाल देता है।
एक चुपचाप निर्णय जिसे कोई नहीं लेता
हर ख़तरे को हवा के रुख पर टाल देता है।

और हवा भी स्वतन्त्र नहीं है
कुछ भी चुनने के लिए।
सूरज खींच रहा है सारी चीज़ों को
धूप के अन्तःसंगीत में बुनने के लिए।

और वह भी कहीं उसी में बुन दिया गया है
जो कि बाहर है।
सिर्फ़ एक बच्चे की इकली पतंग
बुन दिये जाने के विरुद्ध उड़ रही है
और अब उड़ने की दिशा
और बुनने की क्रिया में
ज़रा-सा अन्तर है।

शहर बुन दिये गये हैं
नदियों की लय में
और नदियाँ बुन दी गयी हैं
एक घर लौटते हुए आदमी के ख़याल में

और इसके बाद यह पूछना
बिलकुल बेमानी है
कि आपकी दिलचस्पी हॉकी में है
या फुटबॉल में?

बुद्ध से

भंते, आज सोमवार है
इस नयी सदी के पहले सप्ताह का
पहला दिन
मैं अपने शहर के लगभग बीचोबीच खड़ा हूँ
और आपसे कुछ कहने के लिए
शब्द तलाश रहा हूँ
मेरे चारों ओर घना कोहरा है
उतना ही घना जितना कल था
यानी पिछली सदी में।
इस कोहरे को एक दिन मैंने माँ की आँखों में
देखा था भंते
कल वह नब्बे की हो गयी
और उसका बेटा मैं पैंसठ की ओर बढ़ रहा हूँ
कुछ ऐसा है भंते कि पिछले कुछ दिनों से
उसे जब भी देखता हूँ
लगता है थेरीगाथा की वे सबसे बेचैन करनेवाली पंक्तियाँ
उसी ने लिखी थीं
हालाँकि थेरीगाथा को वह बिलकुल नहीं जानती
उसकी झुर्रिया को देखकर लगता तो यह भी है

कि एक शाम जब आप जेत बन से लौट रहे थे
तो उस छोटे से पुरवे में वह मेरी माँ ही थी
जिसने आपको भेड़ का दूध और ज्वार की रोटी
खिलाई थी
यह मेरा भ्रम भी हो सकता है
पर कई बार लगता है
इस भ्रम में ज़रा-सा इतिहास
कहीं सटा ज़रूर है

पर अब कुछ और–
अभी पिछले ही सप्ताह मैं सारनाथ गया था–
वही आपका प्रिय मृगदाव–
और हैरान रह गया यह देखकर
कि वहाँ के सारे हिरन मार डाले गये हैं
और अब वहाँ सिर्फ़ एक मादा घड़ियाल है
जो अपने अंडों की तलाश में
हिंड़ोर रही है रेती

पता तो यह चला भंते
कि अंगुलिमाल छुट्टा घूम रहा है शहर में
और सुजाता अपने शहर के
किसी छुतहा अस्पताल में भर्ती है
आनन्द की मुझे कोई ख़बर नहीं
पर एक दिन एक पुराने ढाबे में
एक पहाड़ी लड़के को
प्लेटें धोते देखकर मैं ठिठक गया था भंते
उसका नाम आनन्द था!

और अब नाम की बात आयी
तो अपनी एक व्याधि का ज़िक्र करूँ
और वह यह कि मेरा नाम केदारनाथसिंह है
और मेरे पड़ोसी का कोई शर्मा
और उसके मित्र का कोई गुप्त
निवेदन है भंते कि मैं तंग आ चुका हूँ—
इस सिंह और शर्मा और गुप्त और प्रकट से

मैंने जतन बहुत किये
पर हर बार पाया कि जितना भी धोओ
जितना भी रगड़ो
छुटता ही नहीं है यह त्वचा का दाग़?

भंते, क्या यह सिर्फ़ मेरी त्वचा का दाग़ है?

दुख है
तो उसका निदान भी होगा ही
पर महाभिषग क्या निर्वाण के अलावा
इसका कोई इलाज नहीं?

कैलाशपति निषाद की स्मृति में

सिर्फ़ एक गमछा भी
हो सकता है आदमी का सबसे बड़ा मित्र
एक साइकिल भी उतनी ही निष्ठा
और उतने ही ताप से निभा सकती है प्रेम
वर्षों वर्षों तक
एक चुप रहना भी हो सकता है
भरी सभा में सबसे तेज़ बोलना
एक जोड़ी चप्पल भी काफ़ी है
सारे भूगोल को नाप डालने के लिए
एक साधु
एक फ़कीर
एक भिक्षुक भी दे सकता है साथ
जीवन की लम्बी उदास यात्रा में
एक झाँझ
एक मजीरा
एक पुराना ढोलक भी पहुँचा सकता है
उदात्त ऊँचाइयों तक
एक पगडंडी
एक बस का पायदान

एक फुटपाथ भी बहुत है
जीवन-भर सिर्फ़ चलते रहने
और कहीं पहुँचने के तिलिस्म को
ध्वस्त करने के लिए

कौन कह सकता था
कि ऐसे भी आ सकती है मृत्यु
जैसे आते हैं पक्षी...

भिखारी ठाकुर*

विषय कुछ और था
शहर कोई और
पर मुड़ गयी बात भिखारी ठाकुर की ओर
और वहाँ सब हैरान थे यह जानकर
कि पीते नहीं थे वे
क्योंकि सिर्फ़ वे नाचते थे
और खेलते थे मंच पर वे सारे खेल
जिन्हें हवा खेलती है पानी से
या जीवन खेलता है
मृत्यु के साथ

इस तरह सरजू के कछार-सा
एक सपाट चेहरा
नाचते हुए बन जाता था
कभी घोर पियक्कड़
कभी वर की ख़ामोशी

---

*प्रसिद्ध भोजपुरी लोककवि (रचनाकाल इस सदी के तीसरे तथा छठे दशक के बीच), निर्देशक, लोक-अभिनेता तथा 'बिदेसिया' नामक लोकप्रिय 'नाच' (गीतनाटिका) के रचयिता।

कभी घोड़े की हिनहिनाहट
कभी पृथ्वी का सबसे सुन्दर मूर्ख

और ये सारे चेहरे सच थे
क्योंकि सारे चेहरे हँसते थे एक गहरी यातना में
अपने मुखौटे के ख़िलाफ़
और महात्मा गाँधी आकर
लौट गये थे चम्पारन से
और चौरीचौरा की आँच पर
खेतों में पकने लगी थीं
जौ-गेहूँ की बालियाँ

पर क्या आप विश्वास करेंगे
एक रात जब किसी खलिहान में चल रहा था
भिखारी ठाकुर का नाच
तो दर्शकों की पाँत में
एक शख़्स ऐसा भी बैठा था
जिसकी शक्ल बेहद मिलती थी
महात्मा गाँधी से

इस तरह एक साँझ से
दूसरी भोर तक
कभी किसी बाज़ार के मोड़ पर
कभी किसी उत्सव के बीच की
ख़ाली जगह में
अनवरत चलता रहा
वह अजब बेचैन-सा चीख़-भरा नाच

जिसका आज़ादी की लड़ाई में
कोई ज़िक्र नहीं

पर मेरा ख़याल है
चर्चिल को सब पता था
शायद यह भी कि रात के तीसरे पहर
जब किसी झुरमुट में
ठनकता था गेहुँअन
तो नाच के किसी अँधेरे कोने से
धीरे-धीरे उठती थी
एक लम्बी और अकेली
भिखारी ठाकुर की आवाज़
और ताल के जल की तरह
हिलने लगती थीं
बोली की सारी
सोयी हुई क्रियाएँ

और अब यह बहस तो चलती ही रहेगी
कि नाच का आज़ादी से
रिश्ता क्या है
और अपने राष्ट्रगान की लय में
वह ऐसा क्या है
जहाँ रात-बिरात जाकर टकराती है
बिदेसिया की लय।

तू फू और ली पै

पहले घोड़ों ने पहचाना
एक-दूसरे को
फिर ली पै ने दूर से
तू फू की दाढ़ी की श्वेतिमा पहचानी
इस तरह एक लम्बी यात्रा के अचानक मोड़ पर
मिल गये दो घुमक्कड़ महाकवि
यह आठवीं सदी की कोई शाम रही होगी
यद्यपि इतिहास में इसका कोई ज़िक्र नहीं।
ली पै ने मिलते ही तू फू से पूछा—
यार, कुछ दुबले दिखते हो
क्या कविता के रोग ने कर दिया है जर्जर?'
तू फू मुस्कुराए
बोले 'वह बुखार तो दोनों ओर है प्यारे
और शायद उतना ही तेज़!
पर इसका क्या करूँ कि जी ही नहीं लगता
घूमता ही रहता हूँ उत्तर से दक्खिन
दक्खिन से उत्तर
पेइचिंग से नानकिंग
नानकिंग से पीली नदी...
बस जी ही नहीं लगता!'

अब ली पै चुप
उस चुप्पी को तोड़ते हुए
तू फू ने पूछा—
'पर तुम कैसे हो मेरे भाई,
कुछ अपनी तो कहो?'

'भई, मेरा क्या'—ली पै बोले—
'अगर रास्ते में मिल गया कोई पेड़
कोई भिक्खु
कोई गड़ेरिया
कोई पागल—
तो भी हो जाता हूँ निहाल
बस और क्या चाहिए!'

तू फू ज़रा जल्दी में थे
उन्होंने घोड़े को एड़ मारी
और बोले—'यार, जा तो रहा हूँ
पर सात बरस हुए
पता नहीं बच्चे पहचानेंगे भी या नहीं?'

'शायद तुम्हारा घोड़ा
इसमें मदद करे'—हँसते हुए कहा ली पै ने
और फिर जोड़ा—
'आख़िर हम भी तो उनके लिए
घोड़े ही हैं
और वह भी शायद काठ के!'

हँस पड़े दोनों कवि
जैसे दो पहाड़
उन्हें लगा उनके घोड़े भी
हँस रहे हैं!

नदियाँ

वे हमें जानती हैं
जैसे जानती हैं वे अपनी मछलियों की बेचैनी
अपने तटों का तापमान
जो कि हमीं हैं

बस हमीं भूल गये हैं
हमारे घर कभी उनका भी
आना-जाना था

उनकी नसों में बहता है
पहाड़ों का ख़ून
जिसमें थोड़ा-सा ख़ून
हमारा भी शामिल है
और गरम-गरम दूध
टपकता हुआ भूरे दरख़्तों की छाल से

पता लगा लो
दरख़्तों की छाल
और हमारी त्वचा का गोत्र
एक ही है

परछाइयाँ भी असल में
नदियाँ ही हैं
हमीं से फूटकर
हमारी बग़ल में चुपचाप बहती हुई नदियाँ

हर आदमी अपनी परछाईं में
नहाता है
और लगता है
नदी में नहा रहा है

जो लगता है वह भी
उतना ही सच है
जितना कोई भी नदी

पुल–
पृथ्वी के सारे के सारे पुल
एक गहरा षड्यन्त्र हैं नदियों के ख़िलाफ़
और नदियाँ उन्हें इस तरह बर्दाश्त करती हैं
जैसे कैंदी ज़ंजीरों को
हालाँकि नदियाँ इसीलिए नदियाँ हैं
कि वे जब भी चाहती हैं
उलट-पुलट देती हैं सारा कैलेंडर
और दिशाओं के नाम

हमारे देश में नदियाँ
जब कुछ नहीं करतीं
तब वे शवों का इन्तज़ार करती हैं

अँधेरे को चीरते हुए
आते हैं शव
वे आते हैं अपनी चुप्पियों की चोट से
जीने की धार को
तीव्रतर करते हुए

नदियाँ उन्हें देखती हैं
और जैसे चली जाती हैं कहीं अपने ही अन्दर
किन्हीं जलमग्न शहरों की
गंध की तलाश में

नदियाँ जोकि असल में
शहरों का आरंभ हैं
और शहर जोकि असल में
नदियों का अन्त

मुझे याद नहीं
मैंने भूगोल की किस किताब में पढ़ा था
अन्त और आरम्भ
अपने विरोध की सारी ऊष्मा के साथ
जिस जगह मिलते हैं
कहीं वहीं से निकलती हैं
सारी की सारी नदियाँ।

नमक

एक शाम शहर से गुज़रते हुए
नमक ने सोचा
मैं क्यों हूँ नमक

और जब कुछ नहीं सूझा
तो वह चुपके से घुस गया एक घर में

घर सुन्दर था
जैसा कि आम तौर पर होता है
अक्टूबर के शुरू में

एक चम्मच में गिरते हुए
नमक ने सोचा
चलो, अब सब ठीक हो जाएगा

फिर ज़रा दम लेने के बाद
वह उठा
चूल्हे के पास तक गया
और धीरे से घुल गया दाल में
सब्ज़ी में

और ठीक समय पर
जब सज गयी मेज़
और शुरू हुआ खाना
तो सबसे अधिक ख़ुश था नमक ही
जैसे उसकी जीभ अपनी ही बोटी के
स्वाद का इन्तज़ार कर रही हो

कि ठीक उसी समय
पुरुष जोकि सबसे अधिक चुप था
धीरे से बोला—
"दाल फीकी है"
"फीकी है?"
स्त्री ने आश्चर्य से पूछा
"हाँ, फीकी है—
मैं कहता हूँ दाल फीकी है"
पुरुष ने लगभग चीख़ते हुए कहा

अब स्त्री चुप
कुत्ता हैरान
बच्चे एकटक
एक-दूसरे को ताकते हुए

फिर सबसे पहले पुरुष उठा
फिर बारी-बारी मेज़ से उठ गये सब
एक नमक को छोड़कर

दाल में पड़े-पड़े
एक छिलके के नीचे से आँख उठाकर

नमक ने देखा बच्चों की ओर
बच्चे कुत्ते की ओर देख रहे थे
कुत्ता देख रहा था
जाती हुई स्त्री की ओर

न सही दाल
कुछ-न-कुछ फीका ज़रूर है
सब सोच रहे थे
लेकिन वह क्या है?

नमक को लगा
उस समूचे घर में एक कुत्ते के अलावा
इसे कोई नहीं जानता।

एक छोटा-सा अनुरोध

आज की शाम
जो बाज़ार जा रहे हैं
उनसे मेरा अनुरोध है
एक छोटा-सा अनुरोध
क्यों न ऐसा हो कि आज शाम
हम अपने थैले और डोलचियाँ
रख दें एक तरफ़
और सीधे धान की मंजरियों तक चलें

चावल ज़रूरी हैं
ज़रूरी है आटा दाल नमक पुदीना
पर क्यों न ऐसा हो कि आज शाम
हम सीधे वहीं पहुँचें
एकदम वहीं
जहाँ चावल
दाना बनने से पहले
सुगन्ध की पीड़ा से छटपटा रहा हो

उचित यही होगा
कि हम शुरू में ही
आमने-सामने
बिना दुभाषिये के
सीधे उस सुगन्ध से
बातचीत करें

यह रक्त के लिए अच्छा है
अच्छा है भूख के लिए
नींद के लिए

कैसा रहे
बाज़ार न आये बीच में
और हम एकबार
चुपके से मिल आयें चावल से
मिल आयें नमक से
पुदीने से
कैसा रहे
एकबार...सिर्फ़ एकबार...

अमरूद

अमरूद फिर आ गये बाज़ार में
और यद्यपि वहाँ जगह नहीं थी
पर मैंने देखा छोटे-छोटे अमरूदों ने
सबको ठेल-ठालकर
फुटपाथ पर बना ही ली
अपने लिए थोड़ी जगह
और अब देखो तो किस तरह एक छोटी-सी टोकरी में
वे बैठे हैं शान से
फुटपाथों के शाहंशाह की तरह!

नहीं, मुझे नहीं चाहिए कोई चाकू
नहीं, मुझे कुछ भी नहीं चाहिए
मैं नहीं चाहता मेरे दाँतों
और अमरूद के बीच
कोई तीसरा आये

मैं बिना किसी मध्यस्थ के
छिलकों और बीजों के बीच से होते हुए
सीधे अमरूद के धड़कते हुए दिल तक पहुँचना चाहता हूँ
जोकि उसका स्वाद है

जीने का यही एक ढंग है
सबसे अचूक
और सबसे भरोसेमन्द

यह मैंने एक दिन
एक अमरूद से सीखा था

नये वर्ष के प्रति

ओ अपरिचित
लाओगे! क्या लाओगे!
गंध पहले बौर की
या फलों पर चढ़ते सुनहरे रंग।
स्पर्श हाथों का नया
या सर्द पान-सी छुअन
                निस्संग।

बन्द कमरे
याकि दरवाज़ों भरी दीवार
शर्त नंगे झरोखों की
याकि गलियों-पार
                झोंकों की उदास पुकार

अनछुए तट
याकि रस्तों के नये भटकाव
धूपगंधी पंख चिड़ियों के
कि टूटे आँधियों के पाँव!

नया कोई शब्द
शाखों के लिए
या फिर वही की वही कूक
अनाम
नये समझौते
कि बँधती और खुलती मुठ्ठियाँ
निष्काम
निहाई पर चोट घन की
याकि छेनी से निकलते
फूल, आँसू, ऋचाएँ
मन के रुँधे सब बोल
गिरे पालों की उदासी
याकि जल के आइनों में
काँपता भूडोल!

नयी चा की प्यालियों में
तैरता दिन,
याकि उड़ती भाप
चोट खाये बादलों की
टूक टूक जिजीविषा
या फिर अजनमे स्वरों का
चढ़ता हुआ आलाप

लाओगे! क्या लाओगे
ओ अपरिचित।

बिम्ब नहीं प्रतीक नहीं*

बिम्ब नहीं
प्रतीक नहीं
तार नहीं
हरकारा नहीं
मैं ही कहूँगा

क्योंकि मैं ही
सिर्फ़ मैं ही जानता हूँ
मेरी पीठ पर
मेरे समय के पंजों के
कितने निशान हैं

कि कितने अभिन्न हैं
मेरे समय के पंजे
मेरे नाख़ूनों की चमक से

कि मेरी आत्मा में जो ख़ुशी है

---

*'बाघ श्रृंखला के अन्तर्गत यहाँ संकलित सात कविताओं के शीर्षक संपादक द्वारा दिए गए हैं जो मूल संग्रह' 'बाघ' में नहीं है।

असल में वही है
मेरे घुटनों में दर्द

तलवों में जो जलन
मस्तिष्क में वही
विचारों की धमक
कि इस समय मेरी जिह्वा पर
जो एक विराट् झूठ है
वही है—वही है मेरी सदी का
सब से बड़ा सच!

यह लो मेरा हाथ
इसे तुम्हें देता हूँ
और अपने पास रखता हूँ
अपने होंठों की
थरथराहट...

एक कवि को
और क्या चाहिए!

इस विशाल देश के

इस विशाल देश के
धुर उत्तर में
एक छोटा-सा खँडहर है
किसी प्राचीन नगर का
जहाँ उसके वैभव के दिनों में
कभी-कभी आते थे बुद्ध
कभी-कभी आ जाता था
बाघ भी

दोनों अलग-अलग आते थे
अगर बुद्ध आते थे पूरब से
तो बाघ का क्या
कभी वह पश्चिम से आ जाता था
कभी किसी ऐसी गुमनाम दिशा से
जिसका किसी को
आभास तक नहीं होता था

पर कभी-कभी दोनों का
हो जाता था सामना
फिर बाघ आँख उठा

देखता था बुद्ध को
और बुद्ध सिर झुका
बढ़ जाते थे आगे
इस तरह चलता रहा
महान जीवन उस छोटे-से नगर का
बुद्ध की करुणा
और बाघ के आतंक की
एक-दूसरे को काटती हुई
दोहरी छाया में

वहाँ लोगों का ख़याल था
कि बुद्ध समझते हैं
बाघ की भाषा
पर बेचारे बाघ के लिए
बुद्ध की पाली
घास की तरह सुन्दर थी
और एकदम अखाद्य

इस तरह दोनों के बीच
एक अजब-सा रिश्ता था
जहाँ एक ओर भूख ही भूख थी
दूसरी ओर करुणा ही करुणा
और दोनों के बीच
कोई पुल नहीं था

पर कभी-कभी रातों में
जब हिमालय की चोटियों पर
गिरती थी बर्फ़

और नगर में चलती थीं तेज़ हवाएँ
तो नगर-वासी सोचते थे—
इसी झोंके में कहीं सिहरते होंगे बुद्ध
और कितना अजब है
कि इसी झोंके में
कहीं हिलता होगा बाघ भी!

ये आदमी लोग

'ये आदमी लोग
इतने चुप क्यों रहते हैं आजकल?'
एक दिन बाघ ने लोमड़ी से पूछा
लोमड़ी की समझ में कुछ नहीं आया
पर उसने समर्थन में सिर हिलाया
और एकटक देखती रही बाघ के जबड़ों को
जिनसे अब भी ताज़ा खून की गंध आ रही थी
फिर कुछ देर बाद कुछ सोचते हुए बोली—
'कोई दुख होगा उन्हें'

'कैसा दुख?'
बाघ ने तड़पकर पूछा
'यह मैं नहीं जानती
पर दुख का क्या
वह हो ही जाता है कैसे भी'
लोमड़ी ने उत्तर दिया

'हो सकता है
उन्हें कोई काँटा गड़ा हो!' बाघ ने पूछा

'हो सकता है
पर हो सकता है आदमी ही
गड़ गया हो काँटे को'
लोमड़ी ने धीरे से कहा

अबकी बाघ की समझ में
कुछ नहीं आया
पर उसने समर्थन में
उसी तरह सिर हिलाया
फिर धीरे से पूछा—
'क्या आदमी लोग
पानी पीते हैं?'

'पीते हैं'—लोमड़ी ने कहा—
'पर वे हमारी तरह
सिर्फ़ सुबह-शाम नहीं पीते,
दिन-भर में जितनी बार चाहा
उतनी बार पीते हैं'

'पर इतना पानी क्यों पीते हैं
आदमी लोग?'
बाघ ने आश्चर्य से पूछा

'वही दुख—
मैंने कहा न!'
लोमड़ी ने उत्तर दिया
इस बार फिर
बाघ की समझ में कुछ नहीं आया

पर वह देर तक सिर झुकाए
उसी तरह सोचता रहा

यह 'दुख' एक ऐसा शब्द था
जिसके सामने बाघ
बिलकुल निरुपाय था।

मैं एक स्त्री को जानता हूँ

मैं एक स्त्री को जानता हूँ
जो एक छोटे से शहर में रहती थी
उसके पास ढेरों कहानियाँ थीं
बाघ के बारे में और नदियों के बारे में
और उन बहुत-से शहरों के बारे में
जिनके नाम किताबों में नहीं कहीं मिलते

उसका विश्वास था
कि बाघ एक जादू है
और इतना विकट
कि अँधेरे में नाम लो
तो हो जाएगा प्रकट!

उसका ख़याल था
कि यह जो प्यार है
यह जो हम करते हैं एक-दूसरे से
या फिर नहीं करते
यह भी एक बाघ है
और इतना क़रीब

कि ध्यान से सुनो
तो तुम अपनी छाती में सुन सकते हो
उसके भारी पंजों के चलने की आवाज़

इसलिए अँधेरे में
वह ज़्यादातर चुप रहती थी
ज़्यादातर थरथराती रहती थी वह
यदि कुछ कहना हुआ
तो उसके काँपते हुए होठ
धीरे-धीरे बोलते थे
सिर्फ़ कुछ शब्द
जिनका अर्थ कुछ भी हो सकता था
या फिर कुछ भी नहीं।

सबेरे-सबेरे

सबेरे-सवेरे
एक बच्चा रो रहा था
उसके हाथ से गिरकर
अचानक टूट गया था
उसका मिट्‌टी का बाघ
एक छोटा-सा सुन्दर बाघ
जो तारों से लड़ चुका था
जो लड़ चुका था चाँद और सूरज
और समुद्री डाकुओं से
ठीक उसकी आँखों के आगे
उसके हाथ से गिरा
और खट् से टूट गया

और अब वह रो रहा था
क्योंकि अब वह हैरान था
कि दुनिया कि सबसे ताक़तवर चीज़
कितनी आसानी से गिरी
और टूट गयी

सुनहली धप में
उसकी आँसू-भरी आँखें
अब भी टिकी थीं
अपने गिरे हुए बाघ पर
कि अचानक उसे लगा
कि बाघ ज़रा हिला
अपने टुकड़ों के भीतर से तिलमिलाता हुआ उठा
और देखते-देखते
छलाँग लगा खिड़की से
चला गया बाहर

अब क्या किया जाय
मैं सोच ही रहा था
कि मुझे सड़क पर दिख गये
कवि त्रिलोचन

मैंने कहा—'शास्त्री जी,
बच्चा रो रहा है
कुछ तो करना होगा'

बोले—'चलो, ले आते हैं
दूसरा बाघ'
मैंने कहा—'नहीं, वह ज़िद पर अड़ा है
उसे चाहिए वही
और सिर्फ़ वही बाघ
जोकि टूटने से पहले वह था'

वे हिले
फिर उनकी आँखों में आ गयी
एक अद्भुत चमक
बोले—'चलो, वही लाते हैं'

मैंने पूछा—'वही!
वही कहाँ मिलेगा?'
'मिलेगा'—उन्होंने कहा—
'कहीं न कहीं
किसी कुम्हार की आँखों में
होगा ज़रूर
जस का तस'

मैंने शक नहीं किया
हो लिया उनके साथ
तब से कितना समय बीता
हम अब भी चल रहे हैं
आगे-आगे कवि त्रिलोचन
पीछे-पीछे मैं
एक ऐसे बाघ की तलाश में
जो एक सुबह धरती पर गिरकर
टूट जाने से पहले
वह था।

अगले दिन शहर में

और अगले दिन शहर में
फिर आ गया बाघ
इस बार दिन दहाड़े
एक सुन्दर
आग की तरह लपलपाता हुआ बाघ
न कहीं डर न भय
सुन्दर बाघ एक चलता-फिरता जादू था
जिसने सब को बाँध रखा था

वह लगातार चल रहा था
और चूँकि वह चल रहा था
इसलिए सुन्दर था
और चूँकि वह सुन्दर था इसलिए कहीं कोई डर था न भय

प्रार्थना में बाघ था
बच्चे स्कूल में पढ़ रहे थे बाघ
लोग आराम से बाघ खा रहे थे
बाघ पी रहे थे
माचिस के अन्दर

चाय की प्याली में
टी.वी. के स्क्रीन पर चल रहा था बाघ

किसी ने देखी
सिर्फ़ उसकी आँखें
किसी ने धारियाँ
किसी को दिख गये पूरे जबड़े
किसी को हिलते हुए माँसल पुट्ठे

पूरा बाघ किसी ने नहीं देखा
पर मानो सब कृतज्ञ थे
उस महान सूर्य के
कि दिनदहाड़े
जब सब लगे थे अपने-अपने काम में
तो सब को थोड़ा-थोड़ा
दिख गया बाघ!

इस तरह पूरा हुआ ऋतु चक्र

मित्रो,
इस तरह ऋतु-चक्र पूरा हुआ
और चक्र में
सिर्फ़ एक गति होती है
जो चलती ही रहती है निरन्तर
चक्र के चक्र होने के विरुद्ध

अब इसमें बाघ आ गया
तो आ गया
उसका मैं कुछ नहीं कर सकता था
सिवा गोली मार देने के
और वह मुझे मंजूर नहीं था

क्यों उसका आना एक सूचना है
कि हवा अभी है
और पानी कहीं उसी तरह
बह रहा है

पर मित्रों, बाघ ही तो है
कहते हैं सदियों पहले
वह एक शाम आ गया था
वैयाकरण पाणिनि की भाषा की कुटी में

किसी पुरातन भोजपत्र की गंध से
उलझ गया था
जिसे सुलझाते हुए बैठे थे वे
कि बाहर सुनाई पड़ी
गुर्राने की आवाज़

वैयाकरण ऋषि के लिए
यह एक बिलकुल नयी समस्या थी
क्योंकि उनकी स्मृति में जितने भी सूत्र थे
उनमें से किसी में वह आवाज़
अँटती ही नहीं थी

सो वे बाहर निकले
और बाघ की ओर उँगली उठाते हुए कहा
अशुद्ध!
एकदम अशुद्ध बोलते हो!

इसके बाद क्या हुआ
जनश्रुति यहाँ चुप है
पर उसमें एक बड़ा-सा छेद है
जहाँ से एक तेज़ गुर्राहट के
भाषा की उस कुटी में धीरे-धीरे डूबने की आवाज़
देर तक सुनाई पड़ती है...

अन्त में मित्रो,
इतना ही कहूँगा
कि अन्त महज़ एक मुहाविरा है
जिसे शब्द हमेशा
अपने विस्फोट में उड़ा देते हैं
और बच रहता है हर बार
वही एक कच्चा-सा
आदिम मिट्‌टी-जैसा ताजा आरम्भ
जहाँ से हर चीज़
फिर से शुरू हो सकती है
फिर से खड़िया
ककहरा फिर से
फिर से गिनती सौ से शून्य की तरफ़
सूर्यास्त से धूपघड़ी की तरफ़
समय फिर से

यह 'फिर' भी
फिर से।

एक प्रेम-कविता को पढ़कर

उस लम्बी प्रेम-कविता को पढ़ने के बाद
मैंने किताब बन्द कर दी
और पूछा—बत्तखें कहाँ हैं!

मुझे आश्चर्य हुआ दूर दूर तक
वे कहीं नहीं थीं

यह कविता की तीसरी पंक्ति थी
या शायद पाँचवीं—जहाँ मुझे पहली बार लगा था
यहाँ बत्तखें हो सकती हैं

मैंने उनके डैनों की छप्-छप् सुनी थी
यह मेरा भ्रम भी हो सकता है

वह स्त्री
न जाने कितनी देर से
कविता की बारहवीं पंक्ति में खड़ी थी
और बस का इन्तज़ार कर रही थी

उसे कहाँ जाना है—कविता इसके बारे में
बिलकुल चुप थी
सिर्फ़ एक हल्की-सी धूप
स्त्री के कंधों पर पड़ रही थी
कविता की सत्रहवीं पंक्ति से छनकर

स्त्री खुश थी
कम से कम उसके चेहरे पर ऐसा कुछ नहीं था
कि कविता की इक्कीसवीं पंक्ति तक जाते-जाते
वह अचानक ग़ायब हो जाएगी
जैसे हर स्त्री हो जाती है

जहाँ अगली पंक्ति शुरू होती थी
साखू के पेड़ वहीं खड़े थे
पेड़ कविता में एक अजीब-सी दहशत
पैदा कर रहे थे

हर अगली पंक्ति एक गहरी आशंका थी
हर अगली पंक्ति के बारे में

अगर मैं भूलता नहीं तो यह कविता की
उन्नीसवीं पंक्ति थी जहाँ स्त्री
आलू चीर रही थी

गोल और भूरे आलू चीरे जा रहे थे
कविता के अन्दर
और कविता ज़्यादा चुप
ज़्यादा ठोस होती जा रही थी

मेरा ख़याल है यह कटती हुई सब्ज़ी की ख़ुशबू थी
जो स्त्री को बचाये हुए थी
अगली अनेक पंक्तियों तक

बाईसवीं तक जाते-जाते मुझे लगा
कविता अपनी जगह बदल रही है
एक तेज़ गोली की तरह
स्त्री के कंधों से होती हुई
साखू के पेड़ों की ओर चली गयी थी कविता

उसके आगे कोई पंक्ति नहीं थी
कोई शब्द नहीं था कविता में उसके आगे
सिर्फ़ स्त्री थी
सिर्फ़ उसके कंधे
उसकी पीठ
उसकी आवाज़—सिर्फ़ स्त्री थी
जो पूरी की पूरी
अब कविता के बाहर खड़ी थी
और कविता को ध्वस्त कर रही थी।

जो एक स्त्री को जानता है

हवा को बहने दो
और उस स्त्री को भूल जाओ
जिसे तुम प्यार करते हो

इसमें तुम्हें जंगली पत्तों की ख़ुशबू
और एक जानवर के रोओं की गरमाहट मिलेगी
तुम्हें एक मज़बूत पत्थर मिलेगा
जिस पर तुम बैठ सकते हो

पत्थर को छुओ
तुम्हें पानी का संगीत सुनाई पड़ेगा

एक पत्ता उठा लो
और तुम पाओगे तुम उसकी नसों में
ख़ून की तरह बह रहे हो

तुम बाहर निकलोगे
और तुम्हें सूरज मिल जाएगा
अपनी भेंड़ों को हाँकता हुआ गड़ेरिया सूरज

उसे देखो
उसे पहचानो
उसे महसूस करो अपनी गर्दन और ललाट पर

यह एक आँच है जो तुम्हें धीरे-धीरे
उस यातना के लिए तैयार करेगी
जोकि तुम ख़ुद हो

अगले बुधवार के बाद
हो सकता है पिछला शनिवार
तुम्हें बिलकुल न याद रहे
हो सकता है तुम अपने शहर में घुसो
और तुम्हें लगे कि शहर
एक स्त्री की अनुपस्थिति का दूसरा नाम है

(शहर का पहला नाम क्या है
यह कोई नहीं जानता)

तुम पेड़ को देखोगे
और तुम्हें लगेगा वह अपनी जड़ें
तुम्हारी तरफ़ फेंक रहा है
जड़े तुम्हारे ख़ून में फैलती जा रही हैं
तुम्हें लगेगा

उन्हें सहो—उन्हें सूँघो—उन्हें फैलने दो
यह जड़ों का संगीत है
जो तुम्हारी नसों में बज रहा है

घड़ी मत देखो
समय की सूचना तुम्हें पेड़ भी दे सकते हैं
तुम्हें पत्ते भी उछाल सकते हैं
ठीक उसी तरफ़ जिधर तुम्हें जाना है

हवा को बहने दो

आगे बढ़ो—थोड़ा और आगे
और तुम पाओगे तुम भूलते जा रहे हो दिन
और नाम और तारीख़ें
तुम भूलते जा रहे शहर और रंग
और चेहरे

पर आँखें फिर भी रह जाएँगी
नहाने के बाद देह में बची हुई ऊष्मा की तरह
वे फिर भी रह जाएँगी तुम्हारे अन्दर
और तुम्हें लगेगा
तुम्हारी आत्मा में घास उग रही है

चौंको मत इसमें कोई अजूबा नहीं है
जो एक स्त्री को जानता है
उसके लिए कुछ भी—कुछ भी अजूबा नहीं है

आगे बढ़ो थोड़ा और आगे
अन्त में
सबसे अन्त में तुम्हें नदी दिखाई पड़ेगी
एक लम्बे सफ़र के बाद नदी को देखना
तुम्हें रोमांचकारी लगेगा

तुम हैरान रह जाओगे यह देखकर
कि पानी में आज भी वही चमक है
जो पिछले मार्च में तुमने देखी थी।

माँ–सुई और तागे के बीच में

माँ मेरे अकेलेपन के बारे में सोच रही है
पानी गिर नहीं रहा
पर गिर सकता है किसी भी समय
मुझे बाहर जाना है
और माँ चुप है कि मुझे बाहर जाना है

यह तय है
मैं जाऊँगा तो माँ को भूल जाऊँगा
जैसे मैं भूल जाऊँगा उसकी कटोरी
उसका गिलास
वह सफ़ेद साड़ी जिसमें काली किनारी है
मैं एकदम भूल जाऊँगा
जिसे इस समूची दुनिया में माँ
और सिर्फ़ मेरी माँ पहनती है

उसके बाद सर्दियाँ आ जाएँगी
और मैंने देखा है कि सर्दियाँ जब भी आती हैं
तो माँ थोड़ा और झुक जाती है
अपनी परछाईं की तरफ़

ऊन के बारे में उसके विचार
बहुत सख़्त हैं
मृत्यु के बारे में बेहद कोमल
पक्षियों के बारे में
वह कभी कुछ नहीं कहती
हालाँकि नींद में
वह खुद एक पक्षी की तरह लगती है

जब वह बहुत ज़्यादा थक जाती है
तो उठा लेती है सुई और तागा
मैंने देखा है कि जब सब सो जाते हैं
तो सुई चलाने वाले उसके हाथ
देर रात तक
समय को धीरे-धीरे सिलते हैं
जैसे वह मेरा फटा हुआ कुर्ता हो

पिछले साठ बरसों से
एक सुई और तागे के बीच
दबी हुई है माँ
हालाँकि वह खुद एक करघा है
जिस पर साठ बरस बुने गये हैं
धीरे-धीरे तह पर तह
खूब मोटे और गझिन और खुरदरे
साठ बरस

पडरौना उर्फ़ शहरबदल

वह एक छोटा-सा शहर था
जिसे शायद आप नहीं जानते
पर मैं ही कहाँ जानता था वहाँ जाने से पहले
कि दुनिया के नक़्शे में
कहाँ है वह!

लेकिन दुनिया शायद उन्हीं छोटे-छोटे शहरों के
ताप से चलती है
जिन्हें हम-आप नहीं जानते।

जाने को तो मैं जा सकता था कहीं भी
क्या बुरा था भैंसालोटन?
हर्ज़ क्या था गया या गुंटूर जाने में?

पर गया मैं गया नहीं
(वैसे भी संन्यास मैंने नहीं लिया था)
कलकत्ते से मिला नहीं छन्द
जयपुर जा सकता था
पर गालता के पत्थरों ने खींचा नहीं मुझे

शहर अनेक थे जिनके नामों का जादू
उन युवा दिनों में
प्याज की छौंक की तरह खींचता था मुझे

पर हुआ यों कि उन नामों के बारे में
सोचते-सोचते
जब एक दिन थक गया
तो अटैची उठाई
और चप्पल फटकारते हुए
चल दिया पडरौना—उसी शहर में
जिसके नाम का उच्चारण
एक लड़की को लगता था ऊँट के कोहान की तरह

अब इतने दिनों बाद
कभी-कभी सोचता हूँ
मैं क्यों गया पडरौना?
कोई क्यों जाता है कहीं भी
अपने शहर को छोड़कर—
यह एक ऐसा रहस्य है
जिसके सामने एक शाम ठिठक गये थे ग़ालिब
लखनऊ* पहुँचकर!
पर जो सच है वह सीधा था
सादा-सा सच है कि एक सुबह मैं उठा
बनारस को कहा राम-राम
और चल दिया उधर

सन्दर्भ : गालिब का एक शेरः
लखनऊ आने का बाइस नहीं खुलता याने
हवसे-सैरोतमाशा सो वो कम है हमको।

जिधर हो सकता था पडरौना—
वह गुमनाम-सा शहर
जहाँ एक दर्ज़ी की मशीन भी इस तरह चलती थी
जैसे सृष्टि के शुरू से चल रही हो उसी तरह
और एक ही घड़ी थी
जिससे चिड़ियों का भी काम चलता था
और आदमी का भी

और समय था कि आराम से पड़ा रहता था
लोगों के कन्धों पर
एक गमछे की तरह!
पर हर शहर की तरह
उस छोटे-से शहर का भी अपना एक संगीत था
जो अक्सर एक पिपिहिरी से शुरू होता था
और ट्रकों के ताल पर चलता रहता था दिन भर
जिसमें हवा की मुरकियाँ थीं
और बैलगाड़ियों की मूर्च्छना
और धूल के उठते हुए लम्बे आलाप
और एक विलम्बित-सी तान दोपहरी-पसिंजर की
जो अक्सर सूर्यास्त के देर बाद आती थी

इस तरह एक दुर्लभ वाद्यवृन्द-सा
बजता ही रहता था महाजीवन
उस छोटे से शहर का
जिसकी लय पर चलते हुए
कभी-कभी बेहद झुँझला उठता था मैं
कि वे जो लोग थे उनके घुटनों में
एक ऐसा विकट और अथाह धीरज था

कि शाम के नमक के लिए
सुबह तक खड़े-खड़े कर सकते थे इन्तज़ार

नमस्कार! नमस्कार!
मैं कहता था उनसे
उत्तर में सिर्फ हँसते थे वे
जिसमें गूँजता था सदियों का संचित हाहाकार...

रोटी

उसके बारे में कविता करना
हिमाक़त की बात होगी
और वह मैं नहीं करूँगा

मैं सिर्फ़ आपको आमंत्रित करूँगा
कि आप आयें और मेरे साथ सीधे
उस आग तक चलें
उस चूल्हे तक—जहाँ वह पक रही है
एक अद्‌भुत ताप और गरिमा के साथ
समूची आग को गंध में बदलती हुई
दुनिया की सबसे आश्चर्यजनक चीज़
वह पक रही है

और पकना
लौटना नहीं है जड़ों की ओर

वह आगे बढ़ रही है
धीरे-धीरे

झपट्टा मारने को तैयार
वह आगे बढ़ रही है

उसकी गरमाहट पहुँच रही है आदमी की नींद
और विचारों तक

मुझे विश्वास है
आप उसका सामना कर रहे हैं

मैंने उसका शिकार किया है
मुझे हरबार ऐसा ही लगता है
जब मैं उसे आग से निकलते हुए देखता हूँ

मेरे हाथ खोजने लगते हैं
अपने तीर और धनुष
मेरे हाथ मुझी को खोजने लगते हैं
जब मैं उसे खाना शुरू करता हूँ

मैंने जब भी उसे तोड़ा है
मुझे हरबार वह पहले से ज़्यादा स्वादिष्ट लगी है
पहले से ज़्यादा गोल
और ख़ूबसूरत
पहले से ज़्यादा सुर्ख़ और पकी हुई

आप विश्वास करें
मैं कविता नहीं कर रहा
सिर्फ़ आग की ओर इशारा कर रहा हूँ

वह पक रही है
और आप देखेंगे—यह भूख के बारे में
आग का बयान है
जो दीवारों पर लिखा जा रहा है

आप देखेंगे
दीवारें धीरे-धीरे
स्वाद में बदल रही हैं।

रास्ता

बगुले उड़े जा रहे थे
नीचे चल रहे थे हम तीन जन
तीन जन शहर से आये हुए
क्वार की तँबियाई धूप में
नहाये हुए तीन जन
चले जा रहे थे फैले कछार में
डूबते हुए दिन की पगडण्डी पकड़कर
तीन जन खुश
एक अजब विश्वास से भरे हुए तीन जन
कि हम जा रहे हैं ठीक
कि ज़रूर-ज़रूर
हम पहुँच ही जाएँगे
बगुलों की तरह अपने ठीक मुकाम पर
दिन डूबने से पहले

हम चले जा रहे थे चुप
किन्हीं बातों में खोये हुए
चले जा रहे थे हम
कि अचानक हमारे पाँव ज़रा ठिठके

कि अचानक हमने पाया—
रास्ता ख़त्म!

अब हमारे सामने
पके हुए ज्वार के
दूर तक फैले सिर्फ़ खेत ही खेत थे
और रास्ता नहीं था
क्या हुआ
किधर गया रास्ता?
हम तीन जन सोचते रहे
खड़े
परेशान
कि हमें दूर दिखाई पड़ा
डूबते हुए सूरज के आसपास
एक बूढ़ा किसान
हम उसके पास गये
पूछा—'दादा, रास्ता किधर है?'

बूढ़ा कुछ नहीं बोला
वह देर तक हमें यों ही देखता रहा
फिर उसने नीचे से
एक ढेला उठाया
और उस तरफ़ फेंका
जिधर झुकी हुई चर रही थी
एक काली-सी गाय

अब गाय चलने लगी
पत्ते बजने लगे

और हमने देखा
जिधर ज्वार की लटकी हुई थैलियों को चीरती
चली जा रही थी गाय
उधर रास्ता था
उधर घास में
धँसे हुए खुर की तरह
चमक रहा था रास्ता

अब दृश्य बिल्कुल साफ़ था
अब हमारे सामने
गाय थी
किसान था
रास्ता था
सिर्फ़ हमीं भूल गये थे
जाना किधर है!

बगुले
हमसे दूर
बहुत दूर निकल गये थे

काली मिट्टी

काली मिट्टी काले घर
दिनभर बैठे-ठाले घर

काली नदिया काला धन
सूख रहे हैं सारे बन

काला सूरज काले हाथ
झुके हुए हैं सारे माथ

काली बहसें काला न्याय
ख़ाली मेज़ पी रही चाय

काले अक्षर काली रात
कौन करे अब किससे बात

काली जनता काला क्रोध
काला-काला है युगबोध

पाँच पिल्ले

कुतिया ने जने पाँच पिल्ले
पाँचों स्वस्थ-सुन्दर
नरम
झबरे
गदबदे पिल्ले

अब सूरज की ओर मुँह किये
पाँचों खड़े हैं
कूँ-कूँ करते
चकित—हैरान
मानो पूछ रहे हों
कि लो, हम आ तो गये
अब क्या करें
इस दुनिया का?

मोड़ पर विदाई

अब जाओ मेरी कविताओ
सामना करो तुम दुनिया का
यदि बजता है तो सिर्फ़ वहीं
यह इकतारा निरगुनिया का

जाओ खोजो, यदि कहीं ज़रा
सी राख पड़ी हो ढाबे में
खोजना वहीं फिर लय अपनी
गलियों के शोर-शराबे में

बिखरे होंगे सब छन्द वहाँ
सब तुकें वहाँ लुढ़की होंगी
जो छूट गयी थी पंक्ति, कहीं
कचरे पर वहीं पड़ी होगी

दो दस्तक हर दरवाज़े पर
फिर चल दो आगे उसी वक़्त
हर आमन्त्रण को राम-राम!
हर स्तुति से निन्दा से विरक्त

भरने दो अपने शब्दों में
सारे शहरों की खाक-धूल
इस यात्रा में वापसी नहीं
बस चलते जाना है अकूल

घुस जाओ बीच सलाखों के
उन गुम चेहरों से मिल जाओ
मछुआरों से मैत्री कर लो
चूल्हों से आग चुरा लाओ

मँडराने दो ब्रह्मंडों को
अपनी खुदबुद के आसपास
भूखे का तसला बन जाओ
प्यासे का बन जाओ गिलास

बन सको अगर तो बजरी-गिट्टी
चाहे कुछ भी बन जाओ
ढल जाय न दिन, छुट जाए न बस
अब जाओ मेरी कविताओ!

□□